NOTICE

SUR LES

SEIGNEURS DE PIROU

Victor Brunet

Membre correspondant de l'Institut de Milan
de la Société Nationale académique de Cherbourg
de la   ciété d'Archéologie, Sciences et Arts
du département de la Manche
etc., etc.

1885

Imp. & GUÉRIN, Rue Chaussée & Place Nationale.

VIRE

NOTICE

SUR LES

SEIGNEURS DE PIROU

PAR

VICTOR BRUNET

*Membre correspondant de l'Institut de Milan
de la Société Nationale académique de Cherbourg
de la Société d'Archéologie, Sciences et Arts
du département de la Manche
etc., etc.*

1885

Imp. A. GUÉRIN, Rue Chaussée & Place Nationale. 1

VIRE

NOTICE

SUR

LES SEIGNEURS DE PIROU

PAR

Victor BRUNET

Membre de plusieurs sociétés savantes

VIRE

Imprimerie A. GUÉRIN, rue Chaussée

1884

NOTICE SUR LES SEIGNEURS DE PIROU

« Pirou, en Normandie, diocèse de Coutances, seigneurie une des plus anciennes de cette province, titrée de marquisat, qui a donné son nom à une famille éteinte depuis longtemps. » (La Chesnaye des Bois).

« Pirou est un ancien château garni de tours ; devant se trouve une grande mare dite la mare de Pirou, et qui est remarquable en ce sens que le flux et le reflux de la mer s'y fait apercevoir. « (Vieux manuscrit).

En réunissant les matériaux pour une Histoire de la Châtellenie de Tracy, au canton de Vire (Calvados), j'avais rencontré, à diverses reprises, les noms de plusieurs seigneurs de Pirou, commune du canton de Lessay, arrondissement de Coutances (Manche).

Un de mes amis, qui avait vu le vieu donjon de Pirou, son château, ses fortifications et ses fossés encore remplis d'eau, m'engagea, si l'occasion se présentait, à faire une excursion dans cette commune, à laquelle il attribuait une origine saxonne, et que

Bullet fait remonter, parait-il, à l'époque celtique.

Cette excursion s'imposa. En effet, je m'étais livré à de nombreuses recherches sur Guillaume de Pirou, seigneur de Tracy et de Pirou, et sur Philippot de la Haye, un autre seigneur de Pirou, avec lequel Guillaume d'Amphernet, seigneur de Tracy, partageait l'hommage dû au roi pour son fief de Tracy, et tous les auteurs que j'avais consultés parlaient du fief de Pirou comme d'un fief important dans les siècles de chevalerie.

Ayant élargi le cercle de mes investigations à l'occasion d'une notice que je préparais sur la baronnie et les barons de Brécey, je me trouvai en présence des seigneurs de Pirou eux-mêmds, par suite de la fusion des familles de Vassy, de Brécey, et du Bois, de Pirou. Une visite au château de Pirou, devenait donc nécessaire tant pour les constatations matérielles que pour le groupement des traditions que les vieillards du pays pouvaient encore conserver.

C'est au mois de juillet dernier (1883), que s'effectua ma course dans le pays Cotentinais. Arrivé le soir à Coutances, je pris toutes les dispositions nécessaires pour traverser la lande de Lessay, — dont la mauvaise réputation n'existe plus que dans les souvenirs des vieux marchands forains et dans l'*Ensorcelée* de M. Barbey d'Aurevilly, — et parvenir le lendemain, dès la première heure, aux ruines de Pirou.

Le lendemain samedi, huit juillet, vers huit heures du matin, j'aperçus dans le lointain, le bourg de Pirou et à quelque distance à travers les arbres, le château, but de mon excursion. Cette distance fut bientôt franchie et, après un parcours d'une trentaine de mètres au milieu de petits arbres, chétifs et rabougris, je parvins au pont qui faisait autrefois communiquer le dehors avec la première enceinte des fortifications du château de Pirou. Mon attention fut attirée, dès cet endroit, par la présence de deux constructions situées de chaque côté de l'extrémité intérieure du pont. Ces constructions voûtées devaient servir de corps de garde aux défenseurs du château. Les petites ouvertures rondes percées de distance en distance dans les murs permettaient devoir ce qui se passait dans la campagne.

A l'intérieur de ces deux corps de garde dont les murailles mesurent un mètre et plus d'épaisseur, le fermier du château de Pirou me montra l'ou-

verture de deux puits étroits de forme
carrée, dont l'un, celui du nord, est
maintenant rempli d'eau : et dont
l'autre, celui du sud, parait encore
très profond, si on en juge par le
temps relatif qui s'écoula entre le moment où une pierre fut jetée par lui
et celui où je l'entendis rebondir dans
les profondeurs du sol. Ce sont,
d'après les traditions constantes et gé-
néralement admises, les orifices des
deux souterrains qui communiquaient
l'un, avec la campagne, auprès de
de l'ancienne mare de Pirou, maintenant desséchée, et l'autre avec le
donjon, en passant sous les fossés in-
térieurs dont le fond est pavé de
larges dalles en granit. La descente
serait serait assez facile dans le sou-
terrain du midi qui atteint de telles
hauteurs, au dire des habitants, qu'à
une faible distance, des cavaliers y
circuleraient facilement.

Plus loin, à l'intérieur et à qua-
rante pas environ, on trouve une autre
enceinte carrée dont les portes sont
cintrées. Dans l'épaisseur des murs,
à l'intérieur, sont pratiquées des niches également à plein cintre, éta-
blies de manière qu'un homme puisse
s'y asseoir ; chaque niche entre l'en-
trados du cintre et le banc en pierre
qu'elle contient mesure un mètre

vingt-cinq centimètres de hauteur, et, à la hauteur de ce banc quatre-vingt-quatre centimètres de largeur. Il n'y a pas lieu de douter que ces niches ne fussent destinées aux soldats qui gardaient l'entrée du château ; ils pouvaient, en s'y asseyant, se mettre à l'abri de la pluie et se reposer.

Toutes ces constructions sont très-délabrées, et se plaignent de leur abandon ; le chêne, le hêtre et le lierre, fidèles compagnons des lieux d'où la vie se retire, y poussent pôle mêle ; on constate avec un vif sentiment de tristesse que le silence le plus complet règne là où autrefois retentissaient les appels réitérés des hommes d'armes de Pirou, et où aussi se firent entendre, à diverses reprises, les cris de rage et le râle des mourants, auxquels se mêlaient les cris de joie féroce des Anglais vainqueurs.

Le château de Pirou, — dont la partie la plus ancienne remonterait, d'après MM. de Gerville et Renault, au temps où la famille du Bois le possédait, et dont la partie la plus moderne daterait seulement de deux siècles, — est des plus remrrquables. Il est renfermé dans la troisième enceinte. Séparé de la seconde par des fossés profonds qui atteignent quinze à seize mètres dans leur plus grande largeur et six à sept mètres dans leur plus petite, ce château n'offre aucun accès au nord. L'ancien pont levis se trouve de l'autre côté au midi et donne entrée dans la cour intérieure.

Le donjon et le château pouvaient donc opposer une longue résistance à cause des ouvrages avancés et de la largeur des fossés qui les environronnaient et en défendaient les approches. Malheureusement, ce château a subi de nombreuses et importantes modifications pendant les derniers siècles, alors que la féodalité avait disparu, et que la cuirasse avait fait place au pourpoint de velours. Il faut constater la disparition des plus beaux appartements du donjon féodal; ce qui en reste devait être affecté à la garnison : les appartements des châtelains ont été remplacés par les constructions modernes du sud-ouest. Toutefois, une partie des murailles du vieux donjon, murailles d'environ deux mètres d'épaisseur, sont couronnées par une galerie, et, dans les murs du donjon, on remarque des meurtrières,

Mais là, aussi, les siècles ont passé apportant avec eux leurs changements, leurs mœurs ; et

. . . . La lumière éclatante
N'apparaît plus au loin sur les créneaux flottante.
La garde au haut des murs ne veille plus la nuit;
Et dans la morne enceinte on n'entend aucun bruit.

Un fermier remplace maintenant dans ce château tombant de vétusté, les seigneurs dont les noms brillent à presque toutes les pages de notre histoire.

Je parcourus, grâce à sa bienveillance, tout l'intérieur du château. Aucune salle n'est restée dans son état primitif, les unes ont perdu complètement leur antique aspect, les autres paraissent s'étonner des couches de badigeon dont elles ont été revêtues en maint endroit. Les dortoirs de la garnison paraissent avoir onservé seuls, partie de la physionomie d'autrefois. Mais tout est mesquin à l'heure actuelle dans cette demeure ; il est préférable d'en contempler l'extérieur. (1)

Je pensais retrouver quelque part au château de Pirou. les écussons ou armoiries des anciennes familles qui l'ont possédé, mais, malgré une mi-

(1) On me fit voir aussi l'ouverture des oubliettes ; car tout donjon, pour ne pas faire échec à la tradition des campagnes, doit posséder, sinon des oubliettes, du moins une oubliette. D'après la tradition de Pirou, un canard jeté dans cette oubliette avait été retrouvé à quelques centaines de mètres sur la mare de Pirou. Un autre canard, jeté dans un des souterrains dont j'ai parlé, a trait été revu sur la mare de Pirou. L'histoire de ce canard est universelle ; le canard a même passé l'Océan Atlantique avant le XIX° siècle.

nutieuse attention, je n'en ai vu aucunes traces (1).

On m'avait entretenu pendant le trajet de Coutances à Pirou, de la vieille et constante légende des oies de Pirou ; j'en parlai au fermier. Il la connaissait parfaitement On la raconte toujours à Pirou, me dit-il, mais les oies sauvages ont abandonné les murailles et les fossés du château, les fermiers, ses prédécesseurs, ayant cessé de leur construire des nids. Toutefois, on voit encore beaucoup de ces volatiles dans les marais ; mais les habitants de la commune affirment qu'ils n'ont rien de commun avec les descendants des guerriers transformés en oies pour échapper du blocus où les retenait le premier duc normand Rollon, et que ces derniers constatant, après maintes recherches dans les fossés, que les livres magiques étaient introuvables, auront renoncé à de lointaines pérégrinations désormais sans but pour eux.

Cette légende des oies de Pirou a été souvent narrée ; on la trouve dans

---

(1) Les premiers seigneurs de Pirou portaient : *de sinople à la bande d'argent ;* les du Bois portaient : *d'or à l'aigle de sable*, et les de Vassy portaient : *d'argent à trois tourteaux de sable, deux en chef et un en pointe.*

les *Mélanges d'Histoire et de Litté-
rature*, de Vigneul-Marville, dans le
Dictionnaire Celtique de Bullet, dans
le *Grand Dictionnaire historique* de
Moreri, dans les *Notices sur les anciens châteaux de la Manche*, par M.
de Gerville, dans la *Statistique monumentale de l'arrondissement de
Coutances*, par M. Renault, et dans
une chronique de notre compatriote
normand Jean de Nivelle, publiée
dans le *Soleil*, reproduite dans le
Moniteur du Calvados. Jean de Nivelle ne nous gardera pas rancune de
lui emprunter son récit :

Cela ne date pas d'aujourd'hui ; cela
se passait du temps de Rollon, premier
duc de Normandie, qui, avant d'être in-
vesti de son duché, par le roi de France,
bataillait pour son compte, se disant,
sans aucun doute, que la besogne faite,
il n'y aurait plus qu'à consacrer la chose
accomplie. Depuis lors, j'ai retrouvé le
récit dans les livres, sans la moindre va-
riante, mais dépourvu de la couleur que
savait lui donner le conteur naïf. Peut-
être aussi qu'alors il frappait davantage
ma jeune imagination, très mal à l'aise,
quand la nuit était venue, après l'audi-
tion de quelque histoire fantastique ; et
quand le vent d'hiver, sec et sifflant,
apportait mille bruits insolites qui font
que l'enfant, comme malgré lui, cherche
la sécurité sous ses couvertures. Or, il

arriva que le bon Rollon, s'étant emparé
de tout le Cotentin, se trouva, un beau
jour, arrêté devant les murailles du château de Pirou, dont l'origine se perdait
dans la nuit des temps, et que l'on disait
bâti par les fées.

Aujourd'hui, les fées ne bâtissent plus
rien et se sont retirées d'un monde où
l'on ne croit plus à leur puissance. Dans
ce temps là, il n'en était pas de même, et
il était visible pour chacun, que ces
larges fossés avaient été creusés, et que
ces tours et donjons, merveilleusement
hauts, avaient été construits par des
puissances surnaturelles. Sans quoi,
donjons, murailles et fossés n'auraient
pas plus arrêté l'invincible Rollon, que
tant d'autres châteaux-forts dont il avait
eu raison, rien qu'en se montrant au
pied des murs, avec ses hommes qui ne
plaisantaient pas et que rien n'était
capable de faire reculer. Aussi, fut-il
grandement surpris d'une résistance
qu'il n'attendait pas. et, ne pouvant
prendre la place de vive-force, l'investit.
Le Normand, quoique vaillant et hardi,
était prudent et sage, et savait que la
lutte n'est plus possible, quand on n'a
plus rien à se mettre sous la dent.

De leur côté, les défenseurs du château de Pirou avaient solennellement
juré de défendre jusqu'à la dernière
extrémité et de ne céder que devant la
famine, qui arriva. Un beau matin, le
futur duc de Normandie fut fort surpris
de ne plus voir personne sur les remparts. Derrière les murailles, le silence

était complet ; on eût dit une forteresse
abandonnée. D'abord, le rusé crut à une
ruse ; mais, le silence se prolongeant
outre-mesure, il finit par juger bon de
s'en assurer, fit dresser des échelles et
lancer des multitudes de projectiles pour
protéger les assaillants, qui couron-
nèrent bientôt les remparts, sans ren-
contrer la moindre résistance, et recon-
nurent que la place était vide. Par où
les assiégés avaient-ils pu fuir ? Com-
ment s'étaient-ils dérobés ? Peu impor-
tait ! Le château de Pirou appartenait
aux Normands, qui se promettaient bien
de n'en point déloger.

Or, voici ce qui s'était passé. Les seigneurs de Pirou, gens experts en magie
de père en fils, se voyant réduits à la
dernière extrémité et ne voulant point se
rendre aux brigands du Nord, s'étaient
transformés en oies sauvages et avaient
pris leur vol, en passant par dessus les
assaillants, qu'ils saluèrent sans doute
de leurs cris. Mais allez donc croire que
des guerriers bardés de fer, puissent se
changer en oies sauvages et remplacer
leurs armures par un épais duvet et
leurs voix mâles en cris disgracieux !
Seulement, dans leur empressement à
accomplir l'œuvre magique, les seigneurs oublièrent de consulter le gri-
moire où se trouvait indiquée la manière
de reprendre la forme humaine, si bien
que, oies devenus, à leur gré, oies ils
sont restés depuis en dépit de tous.

Depuis lors, à ce que raconte la tradition, il ne se passait pas une année, sans

que les pauvres oiseaux revinssent au
nid, c'est-à-dire au château, faisant leurs
couvées dans les fossés, dans les trous
et crevasses des murailles ruinées, tant
et si bien que, d'année en année, il en
revenait des quantités de plus en plus
considérables, au point d'obscurcir le
ciel, sur une vaste étendue, car un chacun sait que les oiseaux sont plus proli-
fiques que les chevaliers, de sorte que
toutes les oies sauvages qui se ruent, en
hiver, sur la côte bas-normande, descendent peut-être des seigneurs de
Pirou, condamnés à jamais par expia-
tion d'un moment de négligence. D'autant plus que les Normands de Rollon,
pour se venger du temps qu'on leur
avait fait perdre, avaient commencé par
brûler le château, et, bien entendu, tous
les livres qui s'y trouvaient, sans excep-
ter les livres de magie.

A mon avis, un fait moral se dé-
gage de cette légende ; mais son dé-
veloppement immédiat me conduirait
trop loin ; il prendra place dans un
travail plus important sur la châtellenie de Pirou.

J'aborde maintenant des temps
réels.

Lors de l'expédition qui eut pour
résultat de faire nommer le duc
Guillaume de Normandie, roi d'Angleterre, un seigneur de Pirou passa
la mer avec ses hommes d'armes et
combattit à la bataille d'Hastings. Ro-

bert Wace, dans son *Roman de Rou*, l'affirme ainsi :

Et li sire de Néauhou,
E un chevalier de Pirou.

Masseville et les *Chroniques de Normandie* le nomment *le sieur de Pirou* ou *le seigneur de Pirou*. C'est un fait d'autant mieux établi que le compagnon de Guillaume reçut des terres en Angleterre, dans les Comtés de Divon et du Sommersetshire, et que ses descendants existent encore sous le nom de *Stoke-Pirou* parmi les membres les plus importants de l'aristocratie du Royaume Uni.

Est-ce à ce moment que la branche normande restée à Pirou se subdivisa elle-même en deux branches, dont l'aînée conserva le berceau de la famille, et dont la cadette s'implanta et vécut pendant plusieurs siècles dans les communes de Ste-Mère-l'Eglise et Montpinçhon ? Je pose la question sans la résoudre.

Il me parait possible de dire si ce fut le seigneur de Pirou, présent à la conquête, et son frère qui donnèrent l'église de Pirou à l'abbaye de Lessay, fondée vers 1040 par le vicomte du Cotentin Richard Turstin, ou bien Guillaume de Pirou, « escuyer trenchant, » grand sénéchal en 1119, mort le 25 novembre 1120, au naufrage de la *Blanche-Nef*. Quoiqu'il en soit, il résulte du *Cartulaire de l'abbaye de Lessay* que, par une charte sans date, Guillaume de Pirou et Richard de Pirou concédèrent à cette abbaye, l'église de Pirou, quarante-quatre acres de terre près de la lande, une pêcherie dans la mer, la dîme des anguilles, l'emplacement de la maison des moines, des jardins et un pré au lieu dit de Broc.

Par une charte, que les auteurs de la *Gallia Christiana* datent de l'an 1116, Radulfe de Pirou et ses trois frères Gaufred, Roger et Etienne confirmèrent les donations faites par Guillaume et Richard de Pirou :... « *Ex* « *domo Willelmi et hérardi de Pi-* « *rou et ex concessione et confirma-* « *tione heredum eorumdem Radulfi* « *de Pirou et fratrum ipsius Gau-* « *fredi, Rogerii et Stephani eccle-* « *siam de Pirou...* »

J'ajouterai, pour n'y plus revenir, qu'à l'exemple des donateurs qui se réservaient souvent dans les actes qu'ils passaient, des droits bizarres et fantasques, les seigneurs de Pirou avaient retenu le droit, au dire de M. l'abbé Lefranc, de faire inhumer leurs deux premiers chiens de chasse dans le cloître des religieux de l'abbaye de Lessay. M. l'abbé Lefranc oublie d'indiquer le cérémonial en usage pour ces singulières obsèques...

Un fait rapporté par M. Renault dans la *Statistique monumentale* de l'arrondissement de Coutances donne le nom d'un seigneur de Pirou et indique les fonctions dont ce seigneur était chargé :

« Henri II ne supportait qu'avec peine la perte du château de Gisors *hanc juris Normanniæ diminutionem non patiens*, qui appartenait au roi de France ; il songeait constamment à reprendre ce fief qui avait été la propriété du duché de Normandie. Toutefois, craignant d'échouer, s'il s'en rapportait au sort des armes, il inventa une combinaison qui lui réussit. Il proposa au roi de France un mariage entre son fils Henri Court-Manteau et Marguerite, fille du roi. Gisors fut la dot promise ; mais cette place forte devait rester aux mains des templiers jusqu'à ce que les noces fussent célébrées. Le roi de France pouvait temporiser, puisque Henri Court-Manteau était seulement âgé de trois ans, et que sa fille Marguerite entrait alors dans son quatrième mois ; mais Henri II, le rusé normand, qui avait eu la précaution

2

de se faire donner la garde des deux enfants, fit célébrer le mariage sans même attendre deux ans. Il réclama alors des Templiers la remise du château de Gisors. *Robert de Pirou* était un de ceux qui avaient la garde de cette forteresse ; il n'objecta rien à la demande qui lui était faite puisque les noces avaient été célébrées, et il remit les clefs au roi d'Angleterre. »

Chacun sait dans quelles circonstances mourut Thomas Becket, archevêque de Cantorbéry. Un de ses meurtriers, le principal sans doute, Guillaume de Tracy, possesseur du domaine de Tracy, près Vire, mourut à Cozensa, en Italie, dans des souffrances telles qu'il fut visible que la main de Dieu s'était appesantie sur lui.

Après sa mort, son fief de Tracy fut mis sous séquestre, et, en l'an 1200, Guillaume de Pirou obtint de Jean-sans-Terre l'investiture de ce fief, moyennant une somme de douze cents livres de monnaie d'Anjou. Les *Rotuli Normanniæ* stipulent à quelles époques et par quelles fractions cette somme devait être payée.

Guillaume de Pirou ne posséda cependant pas longtemps ce domaine de Tracy, car, peu après, il passa aux mains d'un sire de Vassy.

Richard de Pirou, en qualité de baron du Cotentin, fut au nombre des principaux seigneurs du pays qui rendirent hommage à Philippe-le-Hardi.

Sur la liste des chevaliers et écuyers de *la baillie du Cotentin*, qui devaient service au roi et allèrent en *l'ost* (armée) de Foix, en 1271, on voit que Roger de Pirou devait le « *service de deux chevaliers et la* « *tierce partie de un chevalier.*» Roger de Pirou comparut aussi à Tours à la quinzaine de Pâques pour l'armée du Roi, en l'an 1272. « *Ro-* « *gerius de Pirou comparuit ; de-* « *bet duos milites quos ducit vide-* « *licet semetipsum et Johannem de* « *Pirou, et insuper tertiam partem* « *urius militis pro quo servit in* « *exercitu.*» (1)

En 1272, Richard de Pirou, devait le même service au Roi. Il résulterait de ce fait que Richard de Pirou était, sinon le fils, du moins l'héritier de Roger de Pirou.

Jean de Pirou embrassa le parti du roi Charles de Navarre dans l'affaire de Rouen. M. l'abbé Lefranc et Richard Séguin affirment même que le château de Pirou fut occupé pendant plusieurs années par les bandes anglo-

___

(1) Anciens rôles, à la suite du *Traité de la Noblesse*, par de la Roque, pages 64 et 79.

navarroises. Jean de Pirou maria, en
1319, sa fille Luce à Robert de la
Haye, écuyer, seigneur de Néhou (1).
Il se reconcilia plus tard avec le roi
de France.

On sait que Robert de la Haye appartenait à la puissante famille de ce
nom, qui tire son origine du trône
ducal de Normandie et de Charlema-
gne et s'est aussi rattachée plus tard
non seulement à la Maison d'Autri-
che, mais aussi au trône pontifical, en
la personne du pape Calisto II.

De l'alliance Robert de la Haye et
de Luce de Pirou naquit Guillaume
de la Haye, chevalier, baron de Montbray (2). On On sait que ce seigneur
donna au roi Jean, en 1366, la baronnie de Néhou. Il vivait encore en
1373.

Son fils et héritier fut Philippe ou
Philippot de la Haye, qui épousa Isa-
belle d'O.

On le trouve pour la première fois
comme seigneur de Pirou, le 25 juillet 1380. Un acte déposé aux archives
de la Manche révèle, en effet, que
Philippot de la Haye paya à cette
date « *trois reliefs pour la terre de
Pirou.* »

On rencontre encore dans des let-

(1) *Archives de la Manche.*
(2) Manuscrits de Daniel Polinière.

tres patentes datées du 24 avril 1387,
à Compiègne, le nom de Philippot de
la Haye, seigneur de Pirou Ces lettres données en faveur de Guillaume
d'Amphernet, seigneur de Tracy, éri-
geaient Tracy en fief relevant direc-
tement de la couronne, et le relevaient
de l'hommage que lui et ses descendants avaient partagé conjointement
avec les seigneurs de Pirou.

Philippe de la Haye, baron de
Montbray et seigneur de Pirou, ne
laissa qu'une fille. Jacqueline de la
Haye qui épousa Colin Paisnel (ou
Paynel) en 1404. En 1406, Jacqueline
de la Haye mourut sans enfants. Sa
plus proche parente Catherine de la
Luzerne, fille de Guillaume de la Luzerne et de Jeanne de la Haye, devint
son héritière. Elle épousa un descendant des Conquérants de l'Angleterre.
Jean du Bois (1), septième du nom,
célèbre dans les guerres et les mon-

---

(1) La famille du Bois (ou du Boys), avait
aussi accompagné le Conquérant en Angleterre; c'est à elle qu'il faut rapporter le
nom de du Boys qu'on voit dans quelques
listes de la Conquête, et entr'autres dans
celle de Hollingshed. (de Gerville, *notice
sur les anciens châteaux de la Manche*. Du
Moulin cite également le sieur du Bois parmi les compagnons de Guillaume le Conquérant à Hastings. Jean du Bois, qui por-
tait pour armes *d'or à un aigle noir à pieds
et bec de gueules*, prit part à la Conquête
de Jérusalem en 1096.

tres d'armes de l'époque. Il comparut en 1378 à la revue des gentilshommes passée par le Connétable du Gueselin.

Jean du Bois fut surnommé *le Gascoing* parce que, dans le Maine, il avait tué un rebelle de ce nom et en avait dissipé les troupes. Il figure dans un compte de Guillaume d'Amphernet, seigneur de Tracy, trésorier des guerres, en date du 6 juillet 1381, et dans un autre compte de Jean le Flamand, également trésorier des guerres en l'an 1393 (1).

Messire Jean du Bois, dit le Gascoing, seigneur de Pirou et de Montbray, rendit aveu en 1393 à Nicolas de Paynel, baron de Hambye.

Le 22 novembre 1396, Jean du Bois et ses frères Louis, Guillaume et Guieffroy, écuyers, procédèrent au partage des successions de noble homme et puissant seigneur Jean du Bois, seigneur de l'Epinay-Tesson, leur père, et de messire Rogier Suhart, leur grand oncle. Jean du Bois, seigneur de Pirou, eut en partage la terre de l'Epinay-Tesson.

Jean du Bois, seigneur châtelain de Pirou, de Montbray et de l'Epinay-Tesson, mourut avant l'an 1408, lais-

_____

(1) La Chesnaye des Bois.

sant de son second mariage quatre enfants : Thomas. Raoul (1), Jean et Robine.

Thomas du Bois, fils ainé, chevalier, seigneur de Pirou et de l'Epinay-Tesson, épousa, en premières noces, Gervaise de Beaumont. Les conditions de son second mariage avec noble demoiselle Marie de Vierville, fille de messire Guillaume de Vierville, baron de Creully, et de noble dame Marie de Montauban, furent arrêtées en l'an 1413.

A cette époque, une heure fatale avait sonné pour la France et particulièrement pour la province de Normandie. Charles VI, infirme de corps et d'esprit, devait voir détruire son armée à Azincourt, l'Angleterre reconquérir la terre normande, et deux Lancastre le remplacer sur le trône de St-Louis. Le *Registre des dons,*

---

(1) Raoul du Bois devint baron de Montbray et seigneur de Langronne. Il eut pour fils et héritier Richard du Bois, qui devint baron de Montbray, seigneur de Langronne, de Montagu, de la Vignaie et du Mesnil-Rabel.

Celui-ci rendit aveu au roi le 8 mai 1495. Il mourut cette même année sans enfants.

La baronnie de Montbray passa en la possession de messire François de Pontbellanger, seigneur de Pontbellanger. Il était encore seigneur de Montbray en 1519. Son fils René de Pontbellanger rendit aveu en 1532, pour cette baronnie.

confiscations ou maintenues des terres normandes, sous Henri V, roi
d'Angleterre, publié en 1828, ne ren-
ferme que les actes donnés pendant
les années 1418, 1419 et 1420. Il nous
apprend cependant qu'à la date du
12 mars 1419, il fut accordé un délai
d'un mois à « Thomas Dubois, escuyer,
« et sa femme, mandé au baillis de
« Costentin, vicomtes de Caen, Bayeux,
« Carantan et Valognes, les laisser
« jouir. » Mais ce délai ne modi-
fia en quoi que ce soit les sentiments
patriotiques de Thomas du Bois. Il
n'inclina pas son noble front devant
l'usurpateur ; il resta fidèle à la France.
Un de ses alliés, Robert de Fréville,
écuyer, seigneur de Montbray, veuf
de Jacqueline de la Haye, qui avait
acclamé le vainqueur (1), reçut le
13 février 1435, en don la terre et
seigneurie de Pirou. Expulsé de ses
domaines, Thomas du Bois se jeta
dans le Mont Saint-Michel (2), et eut
l'immortel honneur de conserver avec
son parent, Jean du Bois, seigneur de
Saint-Quentin, et cent seize gentilshommes, cette forteresse à la
France. Il figure dans la liste, sous
le nom de Thomas de Pirou.

---

(1) *Registre des dons*, etc., p. 51.
(2) *Dumoulin.*

Cependant des jours plus heureux se firent pour la France. Dépossédés successivement de tous les domaines qu'ils avaient volés ou pris d'assaut, les Anglais quittèrent le pays, laissant derrière eux un butin qu'ils ne pouvaient emporter, butin qui a donné lieu à d'impérissables légendes de trésors cachés. Ce fut Louis d'Estouteville et de Hambye qui s'empara en 1449, du château de Pirou. Par lettres patentes, datées du 24 janvier 1450, le duc de Bretagne ordonna au bailli du Cotentin de remettre Thomas du Bois en la possession du château de Pirou. Thomas du Bois versa aux mains du sire d'Estouteville une somme de six cents livres pour « *les frais de la reprinse du chasteau* » (quittance du 14 janvier 1453).

A peine remis en possession de son domaine de Pirou, Thomas du Bois dut soutenir une instance, introduite par Jean de Villiers, baron du Hommet, en revendication de cette propriété. L'issue du procès devait être défavorable à Jean de Villiers. Aussi, celui-ci se désista-t-il de ses prétentions, par exploit, en date du 20 décembre 1453 (*Archives de la Manche*).

Le 28 mars 1459, Thomas Dubois, seigneur de Pirou et de l'Epinay-Tesson, rendit aveu au roi pour les domaines qu'il possédait. Il résulte de cet important document que le fief de Pirou s'étendait sur les paroisses de Pirou, Guefosse, Annoville, la Feuillée, Saint-Sauveur-Lendelin, Muneville et la Baleine; qu'au lieu dit de Pirou il y avait à ce moment « manoir et forteresse, colombier, « jardins, terres, prés et boigs, sans « tiers et sans dangier et sans en « paier aucune diesme, domaignes, « landes, pastures, garennes, tant en « plaine, en boys que en eau, cours « de guemguages, amendes et ex- « ploitz de coust, vresquez, granges, « moulins, estans ou viviers, moultes, « moultains et vanniers avecques les « droiz qui y appartiennent, rentiers « de grains, d'argent, de pains, œufs, « des œsaulx et d'autres espèces, « coustumes requis, reliefs, aydes, « treisiesmes, prières et services de « charues, de herses, de charettes, « services de fains, de moulins, ser- « vice de prevostés et autres ser- « vices. »

Thomas du Bois mourut en 1469 (1). Il avait épousé en troisièmes noces Marie de la Chapelle, veuve de Jean de Colombières, baron de la Haye du

---

(1) Anciens manuscrits.

Puits. Cette troisième union fut stérile.

Thomas du Bois laissait quatre fils : Jean, Geoffroy, Thomas et Thibaut. Jean et Geoffroy procédèrent le 27 septembre 1470 au partage de la succession de leur père. La châtellenie de Pirou échut à Jean, et celle de l'Épinay-Tesson échut à Geoffroy.

Jean du Bois, chevalier, seigneur de Pirou et de Cambes, conseiller et chambellan du roi, épousa noble damoiselle Jeanne de Colombières, sœur de François de Colombières et fille de Jean de Colombières, baron et seigneur de la Haye du Puits, et de Marie de la Chapelle. Il fut grand bailli des montagnes d'Auvergne. Un certificat en date du 22 mars 1473 constate la remise à Jean du Bois « de la somme de 520 livres tour- « dois donnée au nom du roi, en ma- « nière de pension, pour lui aider à « entretenir un État conforme dudit « seigneur pendant cette année, cou- « rant le premier jour d'octobre der- « nier, par les conseillers généraux « du roi pour les finances, receveur « du paiement des gens de guerre au « pays de Poitou. »

D'après la Chesnaye des Bois, Jean du Bois (1) laissa deux fils : Jean du

(1) M. Renault a relevé dans la *Statistique*

Bois, seigneur de Pirou, qui épousa,
le 22 février 1500, Jeanne de Carbonnel, fille de messire Jean de Carbonnel, chevalier, seigneur de Cérences, de Parfouru, de la Guierche
et de Tribehou, et de noble dame
Jeanne de Meurdrac, et Raoul du
Bois, chevalier, seigneur de Parfouru.

Les procès recommencèrent entre
Jean du Bois et des seigneurs qui
prétendaient être légitimes proprié-
taires du fief de Pirou. Johan de Cla-
morgan, sieur de Gratechef, et le
sieur de Cérences, émirent, au sujet
de ce grand fief, des prétentions in-
justifiables. Malgré les longues luttes
oratoires de leurs avocats, les sieurs
de Gratechef et de Cérences furent
successivement déboutés de leurs de-
mandes réciproques. Le sieur de Gratechef reconnut le premier le peu de
solidité de ses prétentions. Il se dé-
sista donc de son action le 13 mai
1502; mais le sieur de Cérences, plus

monumentale de l'arrondissement de Coutances, une inscription en lettres gothiques
qui se voyait sur l'un des murs de la chapelle septentrionale de l'église de Pirou.
Elle concernait un seigneur de Pirou, mort
le 11 avril 1501. Comme le nom est effacé,
on en est réduit aux conjectures; mais il est
probable qu'elle recouvrait les restes mortels
de Jean du Bois.

tenace, n'abandonna la lutte que le
24 décembre 1507.

Il semblerait, dès lors, que le seigneur de Pirou jouirait en paix de
son patrimoine, mais un de ses parents éloignés, messire Louis de la
Haye, chevalier, seigneur de la Haye-
Hue, prétendit avoir les droits les
plus sacrés sur la possession du domaine de Pirou. Le seigneur de la
Haye-Hue avait même obtenu des
lettres royales aux fins de rentrer en
possession de cette châtellenie qui,
affirmait-il, avait été l'apanage de ses
ancêtres, avant de passer par un mariage dans la famille du Bois. Une
longue procédure s'engagea entre le
sire de la Haye et Jacques du Bois,
seigneur de Pirou, fils de Jean, à
l'occasion de l'enterinement des lettres
obtenues du roi. Des pièces volumi-
neuses, de nombreux écrits furent
produits de part et d'autre, et, comme
il arrive toujours en pareil cas, l'affaire traina en longueur. On préten-
dait en rejeter la faute sur un des
procureurs, maitre Lelanternyer, qui
affirmait, pour sa justification, qu'il
agissait avec autant de célérité que
s'il eût été porteur d'un tout autre
nom. Enfin, messire Louis de la Haye
perdit son procès, et Jacques du Bois

fut maintenu en la possession de la seigneurie de Pirou.

Jacques du Bois, seigneur de Pirou, Céronces, Hougueville et Dangy, épousa Jeanne de Cambernon, fille aînée de messire Johan de Cambernon, seigneur de Montpinchon, et devint ainsi seigneur, en partie, de ce lieu.

On possède aux archives de la Manche une requête, sans date, adressée à l'évêque de Coutances par Jacques du Bois, tendant à faire nommer desservant de la chapelle Saint-Laurent du château de Pirou, messire Jean du Boys, *clerc ydoine*, en remplacement de messire Louys du Bois, décédé.

Le testament de Jacques du Bois, en date du 14 avril 1592, est une pièce très intéressante pour la famille du Bois et pour la seigneurie du Pirou. Il indique, en effet, la filiation du testateur, le lieu de sa sépulture ; elle donne enfin la date certaine de la construction de l'église de Pirou et du placement des beaux vitraux de l'église de Vesly.

Jacques du Bois laissait cinq héritiers : Jacques, Gilles, Antoine, Louise et Isabeau. Jacques du Bois, fils aîné, mourut sans postérité.

Gilles du Bois, second fils de

Jacques du Bois. devint seigneur de
Pirou, de Cambes, d'Anneville et de
Vesly. Il fut lieutenant de M. l'amiral
pour la côte de Poitou. Il procéda, en
1601, avec son frère Antoine, au partage de la suscession de son père. Il
épousa Catherine de Gourfaleur. Une
fille, Louise du Bois, naquit de cette
union. Elle épousa, le 2 décembre
1604, son cousin, Charles du Bois,
seigneur de Saint-Marcouf et l'Epinay-
Tesson, descendante de Geoffroy du
Bois, fils de Thomas du Bois. Charles
du Bois devint ainsi seigneur du Pirou.
La première et la seconde branche de
la famille du Bois se fondirent donc
de cette manière.

Charles du Bois laissa quatre enfants : *Claude*, Marie, N....., N.....

A cette époque, et depuis longtemps
peut-être, le fief de Pirou constituait
un marquisat. On en trouve la preuve
dans Chevillard, qui donne à Charles
du Bois les titres de seigneur de
Saint-Marcouf et de l'Epinay, *marquis de Pirou*, etc., dans l'*État des
fiefs nobles* relevant du roy (page 44,
où se trouve cette mention : « *Fief
de Pirou érigé en marquisal :* » dans
le *Dictionnaire généalogique* de la
Chesnaye des Bois, et dans l'acte de
mariage de noble demoiselle Claude
du Bois, héritière de Pirou, avec Ga-

briel de Vassy, marquis de Brécey
(généalogie de la maison de Vassy,
aux archives nationales), où on lit :
« Contrat de mariage de haut et puis-
« sant seigneur messire Gabrielde,
« Vassy, chevalier, marquis de Bres-
« sey, fils et héritier de haut et
« puissant seigneur messire Jacques
« de Vassy, chevalier, seigneur et
« marquis de Bressay, de la Forest,
« et de haute et puissante dame
« Louise de Montgommery (1), sa
« femme, accordé le 23 janvier 1640,
« avec noble demoiselle Claude du
« Boys, fille et héritière de messire
« Charles du Boys, seigneur de Lepi-
« ney, de Saint-Marcouf et de la
« Folie, et de noble dame Louise du
« Boys, sa femme, dame marquise de
« Pirou, de Vely, la Feuillie ait d'An-
« neville ; ce contrat reçu par du Ma-
« noir et Langlois, tabellions à Saint-
« Clair. »
Les châtelains de Pirou consentaient
au mariage projeté, à la condition
« qu'il fût accompli en face de nostre

---

(1) Il nous semblerait superflu de faire
ressortir ici la haute illustration des familles
de Vassy et de Montgommery, descendant
l'une des comtes de Bellême et d'Alençon,
en Normandie, et des comtes d'Eyland, en
Écosse, et l'autre des ducs de Normandie ;
leurs faits et gestes sont connus de tous ceux
qui s'intéressent à l'histoire de leur pays.

« mère sainte Eglise catholique, apos-
« tolique et romaine. »

Messire Charles du Boys, marquis
de Pirou, mourut en 1640. Il fut
inhumé dans l'église paroissiale de
Pirou, où on voyait encore dans la
première partie de ce siècle son épitaphe sur la table de marbre noir qui
recouvrait ses restes mortels. Elle
était ainsi conçue :

Passans, arrestoy ; ce que
Tu vas lire Icy vaut bien la peine de
T'arrester. Sçache donc qu'il n'appar-
Tient qu'aux morts d'instruire les
Vivants, puis qu'ils le font
Sans intérêts et puis qu'il faut
Faire parler les marbres, lorsque
Les morts mesmes ne parlent plus. Lis et
Songe à toy en songeant a. . . . .
Profite de leur instruction.
L'ancienneté de la noblesse, la
Grandeur de la maison, les charges
Importantes que l'on y a veues, les
Illustres alliances qui y sont
Entrées, le courage, la valeur et
Les belles actions que l'on y a faites,
Puis que tout cela, dis-je, n'a pas
Empêché messire Charles Du Bois
D'entrer au tombeau. Qui que tu sois,
Rentre en toy mesme. vois que tout
N'est pas vanité, et pour prendre
Le mesme chemin qu'il a pris vio et
Meurs comme il a vescu et
Comme il est mort, car c'est le seul qui
Meine à la gloire. Passant, prie pour
Luy, afin qu'il prie pour toy : C'est
Tout ce que le marbre avoit à te dire.

La veuve de messire Charles du
Bois, noble dame Louise du Bois,
donna une somme de six mille livres

aux religieuses hospitalières de Coutances, à la condition qu'elle et ses héritiers auraient le droit d'entretenir à l'hospice deux pauvres de la paroisse de Pirou, ou de tout autre lieu qu'il leur plairait d'indiquer. Elle mourut à Rouen le 25 juin 1662, et son corps fut transporté à Pirou dans le courant du mois de juillet suivant. On voyait encore, dans l'ancienne église de Pirou, son épitaphe dont nous ne connaissons que des fragments :

« Me pourras-tu croire, passant, lorsque je te dirai que c'est ici que reposent les illustres cendres d'une illustre morte, dont la gloire sera immortelle, et qui bien loin d'avoir un tombeau, aurait un autel si notre religion souffrait, comme la romaine, que l'on fit une déesse d'une femme. Il est pourtant vrai que c'est sous cette tombe que tu vois que git le corps de haute et puissante dame Louise du Bois, marquise de Pirou, l'ornement de son sexe et de son siècle et la meilleure de tout le royaume ; son visage, sa taille et sa majesté n'eurent rien qui les égalât en beauté que son esprit, et son esprit n'eut rien qui le surpassât en grandeur que la grandeur de son âme. Elle posséda éminemment toutes les vertus morales et chrétiennes ; elle

fut bonne, tendre, pitoyable, généreuse, libérale, magnifique, charitable et fortement persuadée de toutes ces grandes vérités que l'on ne comprend que par la foi. Enfin, ce fut une héroïne. . . . .
. . . . »

Messire Gabriel de Vassy, marquis de Brécey et de Pirou, seigneur de Touchet et de Celland, époux de noble dame Claude du Bois, était mestre de camp du régiment d'infanterie de Longueville et maréchal de bataille des armées du roi. Le duc de Longueville et d'Estouteville, gouverneur et lieutenant-général en Basse-Normandie, lui donna mission, le 30 janvier 1649, de lever un régiment de dix compagnies d'infanterie et un régiment de quatre compagnies de cavalerie.

De son union avec l'héritière de Pirou naquirent trois enfants :

Claude de Vassy, marquis de Pirou ;

Gabriel-Henri de Vassy, chevalier de Brécey, premier exempt des gardes du corps du roi, mestre de camp de cavalerie, chevalier de l'ordre de St-Lazare, qui fut tué en 1691, à la bataille de Leuze, sans avoir été marié ;

Louise de Vassy, épouse de messire Charles de Lafontaine ;

Messire Gabriel de Vassy mourut le 25 janvier 1684, au château de

Pirou, où il faisait sa résidence ordinaire, et son corps fut transféré à Brécey, lieu de sa sépulture.

Messire Claude de Vassy, marquis de Brécey et de Pirou, seigneur et patron de Colland, et de l'Espinay, châtelain de Touchet, Beaufour, St-Marcouf, etc., épousa en premières noces noble dame Françoise de Romilly (1), fille de François de Romilly, chevalier, marquis de la Chesnaye, et de noble dame Charlotte de Poillé. Trois enfants issus de ce mariage moururent au berceau. Messire Claude de Vassy épousa en secondes noces, au mois de juillet 1681, noble demoiselle Marie-Angélique de Motteville, fille de messire Georges de Motteville, premier président de la Chambre des comptes de Rouen, et de noble dame Anne de Montéclair. Sept enfants naquirent de cette union :

Gabriel-Jean, décédé en 1682 ;

François-Marie ;

Louis-Alexandre, abbé de Brécey, né à Pirou, le 1er juin 1690 (2);

(1) D'après le *Nobiliaire du Comté de Mortain*, la famille de Romilly, ou de Roumilly, est une des plus anciennes du pays. Ses membres figurent parmi les bienfaiteurs de l'abbaye de Savigny et parmi les chevaliers bannerets.

(2) Le *Dictionnaire nobiliaire* de la Chesnaye des Bois mentionne ainsi le troisième

Bruno-Emmanuel-Claude, dit le chevalier de Brécey, chevalier de Saint-Louis, décédé, célibataire, en 1759 ;

Anne-Françoise-Gabrielle, qui épousa Jean-François Pitard, écuyer, comte de Lionnière, fils de messire Julien Pitard, écuyer, seigneur de Boudé et de Saint-Jean-du-Corail, auteur du *Mémoire historique sur le comté de Mortain*, et du *Nobiliaire du comté de Mortain* ;

Madelaine-Angélique, épouse de messire Jacques-François d'Oleançon ;

Marie-Françoise-Angélique, abbesse d'Avranches et de Moutons.

Le Parlement de Normandie jugea en 1677, au profit de Claude de Vassy contre la comtesse de Créances, que le marquisat de Pirou ne pouvait être partagé. Cependant, d'après un état des fiefs du bailliage de Coutances, rédigé vers 1689, le marquisat de Pirou se trouvait divisé en deux portions : la première appartenait à Claude de Vassy, seigneur du lieu, et était d'un revenu d'environ deux mille livres ; la seconde était entre les mains de noble dame Marie du Bois, comtesse de Créances ; elle ne s'étendait que sur les paroisses de Créances

fils de Claude de Vassy : « Louis-Alexandre, « appelé le chevalier de Vassy, mort en « 1742, sans alliance. »

et de Pirou, et valait deux mille cinq cents livres de revenu (1).

Le 30 septembre 1715, François-Marie de Vassy, Louis-Alexandre de Vassy et Bruno-Emmanuel de Vassy, frères, partagèrent la succession de leur père, décédé au mois de mai 1704.

Messire François-Marie de Vassy, marquis de Brécey et de Pirou, châtelain de Touchet, seigneur et patron du Grand-Celland, l'Epinay-Tesson, Anneville, Saint-Marcouf, Cartigny et autres seigneuries, épousa, le 16 janvier 1708, noble demoiselle Hélène-Pélagie de Géraldin, de l'illustre famille de ce nom. On sait que les Géraldin descendent d'une famille écossaise déjà célèbre avant la conquête ; que Othon de Géraldin, comte de Windsor, était baron honoraire du royaume en 1082, et que quelques siècles plus tard, plusieurs membres de cette famille souffrirent peut-être plus qu'aucune autre race noble de l'Irlande, à cause de leur dévouement à la famille des Stuart.

« A l'occasion de ce mariage, noble dame Marie-Angélique de Motteville, veuve de messire Claude de Vassy, fit restaurer le château de Pirou et d'une demeure féodale et guerrière

(1) Renault, *Statistique monumentale de l'arrondissement de Coutances.*

en fit une habitation pacifique et commode. Mais elle habita plus souvent avec ses enfants, à Brécey, dont le château, un des plus beaux du département, était une demeure vraiment princière (1). »

Messire François-Marie de Vassy, marquis de Brécey et de Pirou, et noble dame Anne-Hélène-Pélagie de Géraldin eurent deux enfants :

Bruno-Emmanuel-Marie-Esprit de Vassy, né le 25 mars 1717 et baptisé le 26 mai 1734 ;

Louise-Nicole de Vassy, qui épousa en premières noces le marquis de Renty, et en secondes noces N... de Laubespine, marquis de Valderonne, décédé en 1768 ;

Messire Bruno-Emmanuel-Marie de Vassy, marquis de Brécey et de Pirou, épousa, le 13 avril 1738, noble dame Françoise-Suzanne-Jeanne de Vassy, sa cousine, fille de feu messire Jacques de Vassy, marquis de la Forêt-Auvray, et de noble dame Marie-Louise de Marguerie de Vassy. Il mourut en 1780, laissant quatre enfants :

Louis-Marie de Vassy, né le 21 juillet 1749 ;

Claude-Marie-Alexandre de Vassy, appelé le chevalier de Vassy, né le

(1) M. l'abbé Pigeon, *le grand Bailliage de Mortain en 1789.*

1ᵉʳ juin 1755, servit dans le régiment de dragons de Monsieur ;

Marie Nicole-Louise de Vassy, épouse de messire Marie-Eugène-Beuves d'Auray, marquis de Saint-Pois ;

Hélène-Henriette de Vassy épousa, le 6 août 1768, messire Eléonor-Claude de Carbonnel, comte de Canisy, mestre de camp de cavalerie ;

Messire Louis-Marie, comte de Vassy, chevalier, seigneur et marquis de Brécey et de Pirou, mestre de camp de cavalerie, deuxième lieutenant de la compagnie des gendarmes anglais, baron de Landelle, seigneur de la Forêt, de Celland et autres lieux, chevalier de l'ordre militaire et royal de Saint-Louis, etc., épousa, le 23 octobre 1770, Louise-Henriette Ledin de la Châlerie, fille de messire Pierre-François Ledin, seigneur de la Saucerie, capitaine de dragons, lieutenant des maréchaux de France, chevalier de Saint-Louis, seigneur, patron et haut justicier de Clécy, la Landelle, etc., gouverneur de Domfront, et de noble dame Marie-Michelle-Françoise-Charlotte Ledin.

Il justifia de sa noblesse devant Chérin, généalogiste des ordres du roi, pour les honneurs en 1772 ; il fut présenté à Sa Majesté et monta dans ses carrosses au mois de février 1775.

Messire Louis - Marie , comte de Vassy, eut deux filles :

Marie-Sophie de Vassy, née le 7 avril 1773, épouse de M. le comte François-Jean-Pierre de Chazot ;

Emilie de Vassy, née le 12 mai 1774 ;

Messire Louis - Marie , comte de Vassy, et son frère, messire Claude-Marie-Alexandre de Vassy, chevalier de Vassy (1), opérèrent, le 5 janvier 1779, le partage des biens dépendant de la succession de leurs parents.

M. le comte de Vassy-Brécey fit faire, pendant les années 1787 et 1788, de nombreuses réparations au château de Brécey. Il n'y habita cependant point ; il faisait sa résidence ordinaire au manoir de la Châlerie, commune de la Haute-Chapelle (2).

Au procès-verbal de l'assemblée de l'ordre de la noblesse du grand bailliage de Caen, tenue le 17 mars 1789,

---

(1) Messire Claude - Marie - Alexandre de Vassy, chevalier de Vassy, avait épousé Sophie-Victoire-Alexandrine de Girardin. Leur fils, Amédée-Louis-Marie de Vassy, mourut en 1825. Sophie-Victoire-Alexandrine de Girardin, épouse divorcée du chevalier de Vassy, épousa en deuxièmes noces Chrétien-Guillaume de Bohm, conseiller d'ambassade du roi de Prusse.

(2) Le manoir de la Châlerie a été incendié le 17 août 1884.

figure M. le comte Louis de Vassy.
Lorsqu'il s'agit de nommer les com-
missaires-rédacteurs du cahier de la
noblesse, M. le comte Louis de Vassy
fut élu le premier à la pluralité des
suffrages. Il fut ensuite élu député de
l'ordre de la noblesse aux États généraux du royaume. Les documents
me manquent pour déterminer la part
prise par M. le comte de Vassy aux
travaux des États généraux. Il était
encore député le 17 janvier 1790.

M. le comte de Vassy-Brécey quitta
la France au moment de la tourmente
révolutionnaire et rentra dans son
pays lorsqu'elle fut passée. Il habita
depuis ce moment jusqu'à sa mort,
arrivée le 30 août 1832, le château de
Belval, commune de Grainville-sur-
Odon, arrondissement de Caen.

La famille de Vassy vendit le domaine de Pirou à M. Huguet de Sé-
monville, grand référendaire de la
Chambre des pairs sous la Restaura-
tion. Ce domaine appartint plus tard
à M. Quesnel de la Morinière, qui l'a
transmis à ses héritiers.

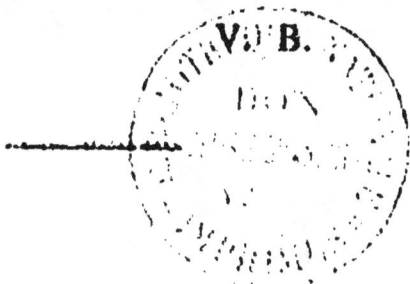

V. B.

ERRATA & ADDITIONS

Page 3, ligne 10, au lieu de *rieu*, lisez *vieue* .

Page 4, ligne 20, au lieu de *mémeds*, lisez *mêmes* ;

Page 15, ligne 25, au lieu de *possible*, lisez *impossible* ;

Page 16, ligne 20, au lieu de *hiérardi*, lisez *Ricardi* ;

Page 30, ligne 7, au lieu de *Monpinchon*, lisez *Montpinchon* ;

Page 30 ligne 24, au lieu de *elle*, lisez il ;

Page 31, legne 6, au lieu de *suscession*, lisez *succession* :

Jean du Bois, seigneur de Pirou et de Montbray, reçut, le 17 mai 1378, une somme de cent dix florins d'or, pour le paiement de ses gages et de ceux de dix écuyers de sa compagnie « desservis et à desservir les bastides de Gavray. »

De Thibaut du Bois, 4e fils de Thomas du Bois, sont descendus MM. du Bois du Bais. On en trouve la preuve dans : 1° une sentence des Conseillers du Roi en l'élection de Pont-l'Évêque, en date du 29 juillet 1634 ; 2° une autre sentence, du 21 juin 1656, émanant des Commissaires généraux députés par le Roi, de la Cour des Aydes de Normandie, pour la vérification des titres et qualités de nobles.

Thibaut Dubois mourut en 1462 laissant pour héritiers : 1° Thomas ; 2° Etienne ; 3° Jean et 4° Jean.

www.ingramcontent.com/pod-product-compliance
Lightning Source LLC
Chambersburg PA
CBHW060740280326
41934CB00010B/2293